AF592595

Le développement intellectuel de l'individu et le développement social sont étroitement unis.

GUIZOT

(Histoire de la Civilisation en France.)

Organisation électorale des Campagnes

UNION DES PAYSANS

POUR

L'AFFRANCHISSEMENT DE LA TERRE

Ce livre s'adresse aux Cultivateurs, à ceux qui, ouvriers et petits propriétaires, travaillent eux-mêmes la terre.

Je le dédie aux Maires des communes rurales et aux Instituteurs dont la plus haute mission est d'apprendre aux fils de Paysans leurs droits, leurs devoirs, leur force; de leur montrer le but et de leur enseigner les moyens de l'atteindre.

CLERMONT-FERRAND
IMP. ET LITHOGRAPHIE G. MONT-LOUIS
Rue Barbançon 2

1902

Le développement intellectuel de l'individu et le développement social sont étroitement unis.

GUIZOT
(Histoire de la Civilisation en France.)

Organisation électorale des Campagnes

UNION DES PAYSANS

POUR

L'AFFRANCHISSEMENT DE LA TERRE

Ce livre s'adresse aux Cultivateurs, à ceux qui, ouvriers et petits propriétaires, travaillent eux-mêmes la terre.
Je le dédie aux Maires des communes rurales et aux Instituteurs dont la plus haute mission est d'apprendre aux fils de Paysans leurs droits, leurs devoirs, leur force; de leur montrer le but et de leur enseigner les moyens de l'atteindre.

CLERMONT-FERRAND
TYPOGRAPHIE ET LITHOGRAPHIE G. MONT-LOUIS
Rue Barbançon, 2

1902

PROGRAMME DES RÉFORMES

Engagement imposé aux Candidats par les Comités ruraux

Sur mon honneur et ma conscience, je m'engage, si je suis élu député, à voter les lois ci-dessous énumérées; à faire partie du groupe parlementaire qui en préparera et en présentera les projets, au besoin à les présenter moi-même.

I

Loi établissant un impôt global et progressif sur le revenu, avec dispense pour tout revenu inférieur à douze cents francs et supprimant, par voie de conséquence, les impôts foncier, mobilier et de consommation (contributions indirectes).

II

Loi des retraites ouvrières, destinée à assurer des moyens d'existence à tous les travailleurs, agricoles ou industriels, mis par l'âge ou les infirmités dans l'impossibilité de travailler.

III

Loi établissant un Crédit agricole d'Etat, qui devra prêter aux petits propriétaires-cultivateurs, sans frais d'obligation, d'hypothèque et de quittance, au taux de 2 %, les sommes nécessaires à l'exploitation de leurs terres.

IV

Loi déclarant insaisissable le patrimoine du propriétaire-cultivateur lorsque le revenu annuel est inférieur à six cents francs et, dans les autres cas, laissant en dehors de la saisie, outre l'habitation, un lot d'immeubles suffisant pour produire un revenu de six cents francs.

Cette loi devra également interdire la saisie du mobilier dont la valeur serait inférieure à mille francs ou distraire de la saisie, pour une valeur égale, les meubles nécessaires.

V

Loi établissant le service militaire de deux ans, sans autres dispenses que celles des soutiens de famille.

VI

Loi réservant à l'État les monopoles des chemins de fer, des mines, de l'alcool, des assurances.

Si, à l'expiration de la législature, les cinq premières lois de ce programme ne sont pas votées et promulguées, je prends l'engagement de ne pas poser à nouveau ma candidature, soit à
soit dans tout autre arrondissement.

, le 190

Le candidat à la députation
dans l'arrondissement de

X.

Un exemplaire de cet engagement, revêtu de la signature du candidat, sera affiché :

1° A la porte extérieure du domicile de ce dernier ;

2° A la porte de la mairie et dans la salle des délibérations du Conseil municipal de chaque commune.

J'ai voulu, dans ce petit livre, exposer des pensées longuement mûries et inspirées uniquement par le désir d'améliorer le sort de ceux qui travaillent.

Cet amour des humbles qui, à vingt ans, n'était qu'un élan généreux du cœur, est devenu, chez l'homme mûr, un dévouement profond, ardent, aux idées de *Justice sociale*.

Je ne me dissimule pas les difficultés de ma tâche. Aimer le Peuple, chercher à l'éclairer, à le guider vers le triomphe de ses droits, est une entreprise qui a, souvent, porté malheur à ceux qui l'ont tentée. Persécutés par les puissants, ils ont été, presque toujours, abandonnés et reniés par ceux-là mêmes qu'ils voulaient affranchir.

L'amour du Peuple est une religion qui n'a que des martyrs.

Si j'étais un politicien ambitieux et sceptique, j'exploiterais, comme tant d'autres, la crédulité des masses. Mais ce livre n'est pas l'œuvre d'un politicien.

C'est l'œuvre d'un socialiste, non pas d'un socialiste prêchant la haine des classes et la spoliation violente de ceux qui possèdent, mais d'un homme qui voudrait voir son pays donner au monde l'exemple d'une société sans privilèges, où la part du travail serait au moins égale à celle de l'argent.

Une explication est nécessaire pour les braves gens qui ne peuvent entendre sans frayeur prononcer ce mot : Socialisme.

Pour eux, socialisme signifie révolution sanglante, persécution de ceux qui possèdent, confiscation de la propriété.

Je ne l'entends pas ainsi. Le socialisme de ce livre est l'étude des moyens à employer pour modifier, dans le sens de la justice et de l'égalité, les conditions sociales des populations rurales, et cela sans persécution des personnes, sans atteinte à la propriété.

Je veux que la terre soit traitée comme le capital et que le cultivateur n'ait pas à supporter des charges plus lourdes que celles qui sont imposées à la fortune mobilière.

Je veux que les conditions sociales soient mises en harmonie avec l'amélioration intellectuelle de l'individu et avec l'état actuel de la société.

Ce socialisme proportionne les charges à la fortune, favorise le travail, respecte la propriété individuelle et fait face aux dépenses au moyen des bénéfices fournis par les monopoles.

Il ne renverse rien et peut être accepté par toutes les classes de la société.

Il ne gêne et ne fait disparaître que quelques hommes de proie qui s'enrichissent de la chose publique.

Ce règne de la Justice sociale arrivera-t-il jamais ? Est-ce un rêve qui ne doit pas être réalisé ?

On pourrait le croire si on ne consulte que le passé.

Mais l'humanité a marché et les travailleurs ont, aujourd'hui, dans le suffrage universel, l'instrument qui, grâce à l'instruction, doit assurer leur succès.

Cette étude est destinée aux travailleurs des campagnes. Ce n'est pas que je me désintéresse des ouvriers des villes et des usines. Mais ceux-ci ont leurs apôtres, leur éducation est avancée, leur organisation se complète chaque jour, sous la direction d'hommes dévoués à leur cause et les résultats obtenus donnent la conviction que, de ce côté, le travail traitera bientôt d'égal à égal avec le capital.

Ils ont enfin compris que, pour triompher, il fallait être unis et organisés.

Jusqu'à ce jour, les paysans ont été exploités par les politiciens ; ils n'ont pas eu des instructeurs désintéressés.

Désunis et désorganisés, ils n'ont obtenu aucune amélioration.

Je voudrais être le premier ouvrier de leur union et de leur organisation.

Afin que ma sincérité ne soit pas suspectée, et pour ne pas être confondu avec ceux qui, depuis vingt ans, trompent la population des campagnes par des promesses jamais réalisées, je place à l'entrée de ce livre la déclaration suivante :

Paysans, lisez attentivement les conseils que je vous donne. En échange, je ne vous demande rien. Je ne solliciterai jamais vos suffrages.

Ma seule ambition est de vous instruire de vos droits et de vos devoirs, de vous apprendre votre force et de vous indiquer les moyens de faire triompher vos revendications qui tiennent, toutes, dans ce seul mot : Justice.

Unissez-vous pour exiger de vos représentants les lois qui affranchiront la terre.

Je voudrais écrire un livre sobre, clair, précis, qui serait placé, comme une Bible politique, dans la maison du paysan et dont, quelquefois, un chapitre serait lu à la famille réunie.

C'est une grande œuvre à accomplir que l'organisation et l'union des campagnes. Je n'en verrai pas la réalisation. Je vais, quand même, poser la première pierre, et j'espère que l'entreprise sera continuée par des hommes jeunes, actifs, désintéressés, énergiques, bien décidés à ne se laisser arrêter par aucun obstacle, pas même par l'ingratitude.

Il y a danger à combattre l'éternelle injustice qui pèse sur l'ouvrier de la terre et rend inutile son admirable énergie.

C'est un apostolat qui doit attirer les âmes hautes.

Je sais bien que le moment semble mal choisi pour prêcher le dévouement, l'abnégation, le désintéressement, l'altruisme dans sa plus idéale conception.

Mais je suis de ceux qui ne croient pas à la mort de l'âme française.

Il me semble qu'une grande Révolution se prépare. Comme avant 1789, des idées d'humanitarisme et de réformes sociales se répandent, s'acclimatent. C'est un frisson qui agite la surface, demain ce sera l'ébullition.

Malgré les politiciens menteurs ou ignorants, les crises industrielle et agricole, les scandales financiers, je crois que nous marchons vers le progrès et que le jour est proche où la France, semeuse de liberté, jettera au monde le cri d'une seconde Révolution. Comme la première fois, son appel sera entendu et son exemple suivi par les autres nations.

La question est de savoir si cette Révolution, qui aura pour programme *l'impôt sur la richesse*, sera sanglante ou pacifique.

J'espère que, grâce à l'organisation électorale des campagnes, elle pourra s'accomplir légalement et sans violence.

Avant 1789.

Je ne décrirai pas longuement les souffrances, le martyre de la classe rurale pendant les siècles qui ont précédé la grande Révolution. Ce serait réveiller les haines endormies et creuser à nouveau le fossé, en partie comblé, qui sépare encore ces deux races : *Nobles* et *Paysans*.

Ce n'est pas le but que je me propose. Je fais appel à l'union de tous pour la réalisation de réformes que tout le monde proclame justes et qui sont toujours ajournées parce que ceux qui doivent en profiter n'ont pas su se grouper pour imposer leur volonté.

Je me bornerai à dire ce qu'était l'ouvrier de la terre avant 1789, ce qu'il est actuellement, ce qu'il doit être.

Avant l'invasion romaine, les Gaulois étaient libres. Ils choisissaient leurs chefs et, sous leur conduite, entreprenaient des conquêtes ou défendaient leur sol. Brennus les conduisit jusqu'à Rome ; à leur tète, Vercingétorix tint en suspens la fortune de César.

C'étaient de fiers paysans, petits propriétaires, tour à tour cultivateurs et guerriers.

Vaincus par les Romains moins braves qu'eux, mais plus disciplinés et mieux armés, ils disparaissent de la scène et, à partir de cette époque, on voit la terre appartenant à ceux qui s'en sont emparés par la force et qui obligent la population attachée au sol à le cultiver pour leur compte.

Sous le régime féodal, le paysan faisait partie du domaine et était vendu avec lui.

C'était un cheptel humain. Il n'avait aucun droit, ne possédait rien, pas même sa personne, et son existence dépendait d'un caprice ou d'une violence du maître.

S'il fuyait pour échapper aux mauvais traitements, il était poursuivi et ramené comme un prisonnier évadé ou un animal égaré.

Réduits au désespoir, exaspérés par les souffrances et la misère, les paysans se révoltèrent. Ce fut la Jacquerie.

Mais ils manquaient d'armes et de pain. Les

seigneurs les massacrèrent, les pendirent aux arbres des routes ; les Jacques succombèrent.

Ils se relevèrent pour chasser l'étranger. Le roi et les nobles n'avaient pas su défendre la France contre les Anglais.

Vaincus dans vingt batailles, découragés, ils avaient abandonné la lutte. Paris, les villes et les châteaux étaient occupés par l'ennemi.

Tout semblait perdu sans retour lorsqu'une fille des champs, Jeanne, animée de l'amour du pays et de la haine de l'étranger, releva les courages, prêcha la guerre sainte. A sa voix, les paysans, abandonnant la charrue pour prendre les armes, poussèrent hors de France l'Anglais étonné de cette résurrection.

Après avoir sauvé l'honneur et la Patrie, le paysan retombe à la servitude.

Mais il était tenace, laborieux, sobre et, lentement, par une progression insensible, en se groupant en communes, il avait amélioré sa situation et arraché au roi, aux nobles, aux moines quelques lambeaux de terre et de liberté.

Cependant, et d'une manière générale, il n'était pas encore, en 1789, propriétaire du sol qu'il travaillait.

Il n'appartenait à aucune classe de la société. A une époque où la terre était la seule fortune, son travail enrichissait tout le monde, excepté lui.

Lorsque le roi, le seigneur, l'évêque et l'abbé avaient prélevé leur part des récoltes, il lui restait, à peine, deux gerbes sur dix, de quoi mourir de faim.

1789-1793.

Ce fut un cri de délivrance : La terre est libre !

La Révolution donna le sol à ceux qui l'avaient cultivé. Les tenanciers devinrent des propriétaires et, en même temps, des patriotes.

Redevenu libre et maître du sol, le paysan comprit la signification du mot *Patrie*.

Oui, le patriotisme est né en même temps que la petite propriété. Les esclaves, les serfs avaient des maîtres, ils n'avaient pas de patrie. Le soldat du roi et des nobles se battait pour l'honneur militaire, pour la gloire. Chaque seigneur défendait son domaine ou cherchait à conquérir celui du voisin. L'idée de Patrie, avec le sens que nous lui attribuons, n'existait pas. Pour lutter les uns contre les autres, les seigneurs et même le roi faisaient souvent appel à l'étranger.

Afin de conserver le champ et la liberté que la Révolution venait de lui donner, pour repousser les nobles qui voulaient les lui reprendre avec l'aide de l'étranger, le paysan devint le volontaire de 93 ; il tua et se fit tuer.

Patriote farouche, soldat invincible, il resta maître du sol qu'il avait doublement conquis par le travail et par les armes.

Aujourd'hui.

Un siècle a passé.

L'*impôt* et l'*usure* ont, de nouveau, asservi la terre ; la petite propriété se meurt.

Le paysan, vainqueur de l'Emigré et de l'Etranger, a été vaincu par le percepteur et le prêteur à gros intérêts.

Il a repoussé l'invasion armée ; il est impuissant à repousser l'*huissier*.

La feuille d'impôts et le registre des Hypothèques ont remplacé les terriers de la noblesse.

On ne lui reprochera pas, comme on l'a fait à l'ouvrier, d'avoir été imprévoyant et prodigue. Travailleur acharné, sobre jusqu'à l'oubli du nécessaire, il n'a pu, malgré tout, triompher de ses deux ennemis mortels : l'impôt, l'usure.

Tout a été modifié dans la société moderne, tout excepté les charges qui écrasent la terre.

La fortune mobilière, qui n'existait pas il y a cent ans, produit, actuellement, un revenu dix fois supérieur à celui du sol.

Il semble donc qu'elle devrait fournir un impôt en rapport avec son importance.

Elle n'est pour ainsi dire pas imposée. La rente sur l'État, qui s'élève annuellement à 1,200 millions et qui, à 10 %, devrait produire 120 millions, ne paie *rien*.

Les obligations entre particuliers, d'un revenu au moins égal à celui de la rente sur l'Etat, ne paient *rien*.

Seul, le revenu des valeurs publiques, mines, chemins de fer, Sociétés de crédit, est frappé d'un impôt de 4 %, avec cette circonstance que cet impôt n'est perçu que sur la somme touchée : pas de revenu, pas d'impôt. Tandis que pour le paysan : pas de revenu, impôt quand même.

Si le paysan achète, au prix de quarante mille francs, une propriété qui produira un revenu de mille francs, les droits de mutation, d'actes de vente et de quittance lui coûteront trois mille sept cents francs !

Le capitaliste qui place quarante mille francs

en billets non enregistrés et qui en retire seize cents francs de revenu, ne paie *rien*.

Celui qui achète mille francs de rente sur l'Etat paie, pour droits de courtage, trente-trois francs.

L'achat de mille francs de rente en valeurs de Bourse coûte, pour droits de courtage, trente-trois francs.

Pour un revenu de mille francs, qu'il le touche ou non, le paysan paye, à raison de 20 %, deux cents francs.

Pour le même revenu, le rentier de l'Etat ou des particuliers ne paie *rien ;* le porteur de valeurs de Bourse paie quarante francs.

Le tableau ci-contre suffit à démontrer la situation intolérable du propriétaire du sol.

Frais occasionnés par l'achat de mille francs de rente.

AU PAYSAN en acquisition de terre.	AU CAPITALISTE en billets.
Trois mille sept cents francs.	Rien.
AU CAPITALISTE en achat de rentes sur l'Etat	AU CAPITALISTE en valeurs de Bourse.
Trente-trois francs.	Trente-trois francs.

Impôt payé pour un revenu de mille francs.

PAR LE PAYSAN	PAR LE RENTIER sur l'État ou sur particuliers	PAR LE POSSESSEUR de valeurs publiques
Deux cents francs, que la récolte soit bonne ou mauvaise ; qu'il la vende ou non.	Rien	Quarante francs, quand le coupon est payé.

Si le paysan emprunte mille francs pour un an, l'intérêt à 5 %, les frais d'acte, d'inscription, de transcription, de quittance et de mainlevée s'élèvent à cent francs, c'est-à-dire à 10 %.

S'il plaide, il est soumis à une procédure longue et ruineuse, dont les frais dépassent, huit fois sur dix, la valeur du litige.

Les commerçants sont jugés par les tribunaux consulaires, rapidement et à peu de frais.

Les ouvriers trouvent dans les tribunaux des prud'hommes une justice gratuite.

Seul, le paysan continue à être dévoré par l'engrenage judiciaire où il passe tout entier s'il se laisse prendre un doigt.

La Révolution avait assaini l'administration de la Justice en supprimant la vénalité des charges ; en la rétablissant, la Monarchie en a ramené les abus.

On juge les paysans selon la procédure des ordonnances de 1670.

Il est vrai qu'un projet de nouveau tarif est en préparation ; mais j'affirme qu'il aurait pour résultat, s'il était promulgué, d'augmenter d'environ 15 % les frais de justice.

Cela peut paraitre incroyable, mais c'est vrai.

Si le paysan hérite, la terre n'échappe pas à l'impôt de mutation, tandis que la fortune mobilière s'y dérobe le plus souvent.

Etonnez-vous, après cela, qu'un siècle ait suffi pour faire disparaitre la petite propriété. Ce qui est étonnant, c'est qu'elle ait pu résister si longtemps à un pareil régime.

Désertion des campagnes.

Le paysan abandonne la terre, qu'il a tant aimée, parce qu'elle n'est plus à lui, parce que l'huissier la lui a prise, parce que, surchargée d'impôts et d'intérêts, mal défendue par des lois de douane qui ne favorisent que la fraude, elle ne peut plus les nourrir, lui et sa famille.

Brisé par un travail sans espoir, rendu invalide par l'âge, il voit arriver le créancier qui le chasse de son foyer et prend le champ qui lui donnait du pain.

J'ai vu d'impitoyables créanciers faire vendre, pour *vingt*, ou même *dix* francs, la chaumière et le coin de terre du paysan.

Le créancier romain faisait son esclave du débiteur insolvable, mais, du moins, il le nourrissait.

Au xxe siècle, en France, on peut jeter à la rue un misérable en ne lui laissant que l'habit qui le couvre, sans s'inquiéter de savoir si l'homme, la femme et les enfants trouveront un abri et un morceau de pain.

Pour les vieux, c'est l'hôpital ; pour les fils c'est la grande ville avec tous ses dangers.

Le Gouvernement et les bourgeois gémissent sur cette désertion des campagnes, causée par leur rapacité.

Ils n'ont pas compris que cette classe des petits propriétaires, forte de six millions d'électeurs, très attachée à la stabilité sociale, formait une barrière infranchissable contre le collectivisme.

Ils ont dispersé cette armée dont les soldats, ruinés, vont grossir les rangs des révoltés et se demandent, dans leur désespoir, ce qu'ils pourraient bien perdre à ne plus être Français.

En leur donnant la terre, la première Révolution en avait fait des patriotes ; en la leur reprenant, la société en fera des révolutionnaires sans patrie.

Dans son aveuglement, elle n'aperçoit pas le collectivisme rural s'éveillant et grandissant pour donner la main au collectivisme ouvrier.

Il est temps d'aviser, si elle ne veut pas être écrasée entre ces deux forces révolutionnaires.

Les bourgeois croient écarter le danger en prononçant des discours. Parlementaires en tournée électorale, sous-préfet présidant les Comices agricoles vantent le bonheur des champs et conjurent les paysans de rester attachés au sol, sinon comme propriétaires, du moins comme ouvriers. Ils montrent l'Amérique avec ses immenses étendues cultivées, à l'aide de machines, par des employés. Toujours cette manie d'imitation.

Entre l'ouvrier agricole d'Amérique et le paysan français, la comparaison n'est pas possible.

L'Américain n'a connu que le salaire ; le sol ne lui a jamais appartenu, il n'a jamais éprouvé le profond sentiment du propriétaire ; sa seule ambition est d'augmenter ses gages.

Le paysan français a possédé la terre ; elle a été sienne toute ; il l'a cultivée avec passion ; elle est son culte, sa religion ; l'amour de la propriété a poussé, chez lui, de profondes racines. Il ne se résignera pas à cultiver, comme ouvrier ou domestique, le sol dont il a été le maitre ou, s'il est obligé de se soumettre, sa soumission ne sera qu'apparente et passagère.

Il tient à son champ plus qu'à sa vie ; malheur à la Société qui le lui prendra.

Comment la bourgeoisie, comment les économistes qui préconisent la grande propriété n'ont-ils pas compris que créer, en France, une classe d'ouvriers agricoles c'était organiser un groupe révolutionnaire, c'était attacher au flanc de la société une torpille qui la ferait sauter?

Et puis, l'exemple de l'Amérique est-il à suivre? Je pense, au contraire, que ce pays de milliardaires aura sa Révolution, immense comme tout ce qui s'y fait.

Roi de l'or, roi de l'acier, roi du pétrole, roi des chemins de fer, c'est beaucoup de rois pour une République.

J'ai idée que tous ces monarques pourraient bien, dans un avenir plus prochain qu'on pense, perdre la couronne et, peut-être, la tête avec.

Si la disparition de la petite propriété présente une menace révolutionnaire, c'est donc faire œuvre de conservation sociale et de patriotisme que rechercher les moyens de sauver ce qui en reste et d'aider à sa reconstitution.

L'histoire contient une leçon dont la bourgeoisie devrait profiter.

La résistance aux réformes demandées par les cahiers de 1789, la politique aveugle, obstinée de la royauté et de la noblesse, les concessions apparentes ne se réalisant jamais, les actes démentant les paroles, l'appel à l'étranger ont exaspéré la Nation qui a violemment rompu avec le roi et les nobles.

La bourgeoisie marche aux mêmes résultats par les mêmes voies. Elle n'a encore tenu aucune des promesses faites aux paysans la veille des élections. Elle s'obstine à n'abandonner aucun des privilèges qu'elle s'est octroyés.

L'heure des beaux discours est passée. La population des campagnes, laborieuse, économe, désireuse de calme, demande justice ; elle exige les réformes dont la réalisation porterait la France au premier rang de la civilisation et la donnerait aux autres nations comme un modèle d'amélioration sociale. Ce serait la conquête par l'idée et l'exemple.

Il est temps d'abandonner l'odieux régime qui, en cent ans, a tué la petite propriété, cette poule aux œufs d'or, cette politique de ruses, de mensonges, de fausses promesses, qui n'a d'autre but que la satisfaction de la vanité et des intérêts personnels.

Il est temps d'affranchir la terre, de rémunérer le travail, de demander les impôts à la fortune.

Soyez unis

Depuis un demi-siècle, la France possède le suffrage universel.

Depuis trente, ans la République donne, gratuitement, l'instruction à tous.

Certes, ces trente années n'ont pas été perdues.

L'enseignement a été répandu à profusion ; le plus modeste village, le plus petit hameau a son école. Comme une splendide floraison, les palais scolaires ont surgi de toute part. Le budget de l'instruction publique est six fois ce qu'il était sous les monarchies.

La pensée et la parole n'ont plus de barrière. La presse est libre. Elle l'est trop, disent quelques-uns, mal habitués à la liberté.

La loi militaire a fait un premier pas vers l'Egalité.

Partout, on constate un progrès sensible, une amélioration chaque jour plus grande.

Partout, excepté dans le régime de l'impôt. Là, l'injustice est éclatante, scandaleuse, intolérable.

Nous venons de voir la terre chargée d'impôts tandis que le capital ne paie pour ainsi dire *rien*.

Nous avons vu le travail du paysan absorbé par l'Etat et l'emprunt.

Il est un autre impôt aussi odieux et, s'il est possible, plus malhonnête parce qu'il se cache sous des mots incompris.

Il s'appelle : Les *Contributions indirectes*. Léger pour le *riche*, il prend clandestinement une part considérable du budget du *pauvre*.

Pour le prouver, je ne montrerai que deux exemples : l'impôt du sucre et celui du café.

Il est aujourd'hui reconnu que le sucre est un aliment précieux dont l'usage fréquent soutient le travailleur épuisé et fortifie les enfants anémiques.

Son emploi, expérimenté dans l'armée allemande, a produit les meilleurs résultats. Il donnerait à l'ouvrier l'énergie que celui-ci demande à l'alcool.

Combien d'enfants seraient sauvés, qui n'atteignent pas leur première année.

Il semble donc que le sucre, comme le pain, ne devrait pas être imposé. Grâce aux progrès de la culture et de la fabrication, il pourrait être livré à la consommation au prix de cinquante centimes le kilo, *cinq sous la livre.*

Il coûte un franc dix centimes le kilo, *onze sous la livre.*

Pourquoi ?

Parce que l'Etat perçoit soixante-cinq francs par cent kilos, *six sous et demi par livre.*

N'est-ce pas une abomination ? Si le sucre ne coûtait que cinquante centimes le kilo, les classes pauvres en consommeraient le double et s'en trouveraient bien.

Il en est de même du café, boisson hygiénique, recommandée par les médecins et par tous ceux qui ont souci de la santé humaine.

S'il n'était pas imposé, la ménagère le paierait quarante centimes le kilo, *quatre sous la livre.*

Il lui coûte quatre francs le kilo, parce qu'il est frappé d'un droit de douane s'élevant à 300 francs les cent kilos, égal à huit fois son prix !

Je n'énumérerai pas tous les droits qui rongent une partie des ressources du pauvre !

J'affirme que l'ouvrier, père de famille, qui dépense annuellement mille francs, paie, au moins, cent cinquante francs d'impôts indirects, 15 0/0 de son revenu.

Une réduction de l'impôt amènerait rapidement une augmentation de consommation produisant un chiffre égal de recettes.

Ce n'est pas une diminution, c'est la suppression des impôts indirects qui doit être exigée.

Ce régime odieux disparaîtra le jour où sera, enfin, réalisée la grande réforme qui les contient toutes et qui est, à elle seule, une révolution: *L'impôt global et progressif sur le revenu, avec dispense pour les ressources annuelles, inférieures à douze cents francs.*

Pourquoi cette amélioration, qui est si juste que personne n'ose la combattre en principe, est-elle toujours ajournée ?

Parce que les paysans, ouvriers agricoles et petits propriétaires, n'ont pas su s'organiser et s'unir pour en imposer le vote à leurs représentants.

Ils sont le nombre, ils ont l'instruction, ils possèdent le bulletin de vote, c'est-à-dire l'arme qui doit assurer le succès.

Mais ils sont désunis et la classe bourgeoise, qui les divise pour régner, continue les abus et maintient les privilèges.

Ouvriers et Paysans.

Longtemps les ouvriers, eux aussi, n'ont reçu que de belles promesses.

Eux aussi ont entendu de beaux discours prononcés par des politiciens sans conviction, qui ne cherchaient, dans le mandat de représentant du peuple, que la satisfaction de leurs intérêts et de leur ambition.

Mais, trompés et déçus, ils ont compris qu'ils ne devaient compter que sur eux-mêmes. Au lieu de se combattre et de s'injurier, ils se sont groupés en Syndicats professionnels et régionaux. A leur tour, ces Syndicats se sont fédérés, formant ainsi une force capable de lutter contre le capital.

Leurs représentants, *pris parmi eux*, intelligents, sincères, animés du feu sacré, ont, sans défaillance, et souvent avec une grande habileté, livré bataille au capital, renouvelant les assauts, emportant une à une les positions de l'ennemi. On est frappé d'admiration lorsqu'on considère le chemin parcouru en vingt ans.

Les salaires augmentés de 20 °/₀, la journée de travail ramenée de quatorze à huit heures, les retraites des mineurs admises en principe, la loi sur les accidents du travail, assurant à l'ouvrier mutilé une indemnité suffisante ou donnant à sa veuve et à ses enfants des moyens d'existence; enfin l'obligation, pour le patron, de respecter les droits de ses employés et de ne les renvoyer que pour des motifs légitimes.

Ils ont un Ministre dévoué à leur cause. Voilà ce que la classe ouvrière, qui ne compte pas *deux millions d'électeurs*, a déjà obtenu par l'union et l'organisation.

La classe rurale, qui met en ligne *six millions d'électeurs*, n'a rien obtenu. Les parlementaires en quête de suffrages, les Ministres en tournée, les orateurs de banquets et de distributions de prix vantent les qualités du paysan.

Tous protestent de leur dévouement à l'ouvrier de la terre, déplorent ses souffrances et annoncent, dans un avenir prochain, le triomphe de la justice.

Mais les impôts sont toujours aussi lourds. La proposition a été faite d'étendre aux ouvriers agricoles le bénéfice de la loi sur les retraites des mineurs. Le Ministre a répondu que cela coûterait trop cher. Quelle aurait été sa réponse si la demande avait été présentée par les Syndicats fédérés des populations rurales sous menace d'un échec électoral?

Je ne saurais trop le répéter : En politique, pour obtenir justice, il faut être fort, et pour être fort, il faut être unis.

Or, loin d'être unie, la population des campagnes, surexcitée par les luttes d'intérêts personnels, présente un spectacle lamentable.

C'est la division et la haine entre les habitants d'un même village, entre les membres d'une même famille. Les candidats ont leurs partisans comme les seigneurs avaient leurs vassaux. Ils répandent l'argent et l'alcool ; c'est, de part et d'autre, l'oubli de la dignité.

Le paysan va-t-il se courber sous la noblesse d'argent, comme il était courbé sous la noblesse de fer? N'aura-t-il triomphé de celle-ci que pour tomber sous la domination, plus avilissante, de celle-là ?

Certes, non. Il a l'âme trop fière, et je suis

convaincu qu'il saura se guider en suivant les conseils de ceux qui lui montrent la route à suivre.

Organisation.

Je sais bien qu'on me dira que les campagnes sont organisées ; qu'il existe des Comités.

C'est vrai. Il y en a même trop. Chaque candidat a les siens, qui n'ont d'autre but et d'autre programme que d'assurer son élection.

C'est l'organisation au profit d'une personne. Celle que je conseille, c'est l'organisation au profit de tous les paysans et petits propriétaires, pour la réalisation de réformes utiles à tous.

Ce n'est plus le candidat qui forme ses Comités, en désigne les membres, dirige les délibérations et se fait acclamer.

C'est le Comité qui, hors la présence du candidat, établit un programme et l'impose.

Et ce programme doit faire disparaitre toutes les divisions.

Quel est le paysan ou le petit propriétaire qui ne désire pas la suppression des impôts qui absorbent le produit de son travail?

Quel est le travailleur qui ne veut pas la disparition des contributions indirectes qui prennent le cinquième de son budget ?

Quel est l'ouvrier, de la ville ou de la campagne, qui ne rêve pas d'une retraite assurant la paix de sa vieillesse?

Quel est le bourgeois qui osera dire que la répartition actuelle des impôts est équitable?

Les réformes que les paysans peuvent exiger sont si justes que la nécessité en a été reconnue par les candidats de la bourgeoisie. Pour triompher les uns des autres, ils se sont dits partisans de l'impôt sur le revenu, des retraites ouvrières, du Crédit agricole. Ces promesses étaient faites, le plus souvent, sans intention de les tenir. Mais la semence a germé et la récolte est prochaine.

Pour préparer l'organisation nécessaire, je fais appel aux maires et aux instituteurs de communes rurales.

Je compte également sur quelques jeunes

gens du commerce, de l'industrie, de la petite bourgeoisie. La jeunesse s'enthousiasme pour la vérité et la justice.

Ce n'est pas mêler les instituteurs aux luttes politiques que les inviter à apprendre aux paysans l'histoire de la classe rurale, ses droits méconnus, les moyens de les faire respecter. Ce n'est pas semer la division et la haine; c'est, au contraire, travailler à l'union de tous pour le bonheur de tous. C'est donner une base solide à la stabilité sociale et écarter le danger d'une révolution collectiviste.

Que les maires et les instituteurs jettent la bonne semence dans les esprits et dans les cœurs.

Il suffira de l'initiative d'un maire pour décider ses collègues à se réunir au chef-lieu du canton.

Ce premier Comité nommera un délégué et tous les délégués des cantons se réuniront au chef-lieu d'arrondissement.

Chaque année, ces Comités d'arrondissement, réunis en Assemblée départementale, tiendront une session où seront étudiées et débattues les questions relatives aux réformes.

Tous les quatre ans, trois mois avant les élections, l'Assemblée départementale examinera les candidatures et imposera aux candidats

choisis l'obligation de signer le programme placé en tête de ce livre.

Chaque Assemblée départementale désignera un ou plusieurs délégués pris dans son sein ou en dehors. Ces délégués formeront une Assemblée générale qui se réunira, à des époques déterminées, dans un chef-lieu de département.

Les candidats ne pourront faire partie d'aucun Comité et n'assisteront pas aux délibérations où seront arrêtés les articles du programme.

Aucun journaliste ne sera admis aux séances dont le compte rendu sera couché sur un registre.

Chaque année, après la session du Comité d'arrondissement, un bulletin sera rédigé et communiqué aux Assemblées départementales.

Le choix des Comités donnant au candidat admis toutes les chances de succès, les adversaires seront écartés et on ne verra plus ces luttes d'argent et d'injures qui font reculer les meilleurs.

Le Programme.

La première des réformes que les Comités auront à étudier est celle de l'impôt sur le revenu. Je répète qu'elle les contient toutes.

Lorsqu'on demande la suppression des impôts odieux qui ruinent les paysans et les ouvriers, les ministres ont toujours la même objection : « Ce que vous demandez est juste, mais où prendrons-nous l'argent ? »

La réponse est facile.

Prenez l'argent où il y en a. Demandez l'impôt à la richesse. Au lieu de rogner le morceau de pain déjà insuffisant, qui nourrit le travailleur et sa famille, ne craignez pas de diminuer le superflu du millionnaire.

Et qu'on ne dise pas que celui-là manque de dignité qui n'apporte pas sa part, si petite qu'elle soit, aux dépenses publiques.

L'impôt du travail vaut bien celui de la fortune. Par le travail, le paysan et l'ouvrier contribuent à la prospérité et à la grandeur de la nation.

N'est-il pas équitable qu'ils soient exemptés de l'impôt en argent.

L'oisif, au contraire, n'y peut contribuer que par son or et il doit le faire en proportion de sa fortune.

On a encore objecté que l'impôt sur le revenu ferait fuir les capitaux à l'étranger.

Je sais, en effet, que l'argent n'a pas de patrie.

Mais les revenus, qu'ils soient payés à Paris, à Londres ou à Berlin, n'échapperont pas à l'impôt et les fausses déclarations seront sévèrement réprimées.

Les millionnaires menaceront de passer eux-mêmes la frontière.

Ils reviendront.

Les nobles sont allés à Coblentz. En leur absence, la Révolution française a marché vers la liberté en renversant tous les obstacles et sa grande voix a réveillé les peuples.

Il n'est pas nécessaire d'expliquer l'utilité de

la deuxième et troisième réforme ; il suffit de les énoncer.

Loi des retraites ouvrières, destinée à assurer des moyens d'existence à tous les travailleurs, agricoles ou industriels, mis, par l'âge ou les infirmités, dans l'impossibilité de travailler.

Loi établissant un crédit agricole d'Etat, qui devra prêter aux petits propriétaires-cultivateurs, sans frais d'obligation, d'hypothèque et de quittance, les sommes nécessaires à l'exploitation de leurs terres.

Patrimoine insaisissable.

J'ai montré le paysan ruiné par l'impôt et l'usure, épuisé par un travail dont le produit n'a pas suffi à payer les sommes dues à l'Etat et aux créanciers.

Vieilli, découragé, il tombe enfin.

C'est l'hallali. Les bêtes de proie qui l'ont traqué se jettent sur lui et le dépouillent.

Sa pauvre maison, son petit champ sont vendus et, souvent, le produit de la vente est insuffisant à couvrir les frais de la poursuite. On l'a jeté à la rue, lui et sa famille, sans pain, sans mobilier.

C'est le remerciement de la Société à l'homme qui l'a nourrie ; c'est la reconnaissance de la nation pour ces paysans qui, avec Jeanne d'Arc et sous la Révolution, ont, deux fois, chassé l'étranger.

Et cette abomination n'a même pas pour excuse le paiement des dettes ; les frais ont tout absorbé.

J'ai vu des ventes sur saisie produire cent francs, d'autres cinquante francs, quelques-unes vingt et dix francs, tandis que les frais faits pour arriver à ce résultat scandaleux atteignaient trois cents, quatre cents et jusqu'à cinq cents francs.

En vérité, on doit s'étonner autant de la résignation du paysan que de la rapacité de ses bourreaux.

Il en est de même de l'ouvrier qui voit son modique salaire saisi, ses meubles vendus et qui ne sait où abriter sa femme et ses enfants.

Pour faire cesser ce honteux état de choses, il faut se hâter de constituer le patrimoine insaisissable ; c'est la quatrième réforme.

Loi déclarant insaisissable le patrimoine du propriétaire-cultivateur lorsque le revenu est inférieur à six cents francs et, dans les autres cas, laissant en dehors de la saisie l'habitation et un lot d'immeubles suffisant pour produire un revenu de six cents francs.

Cette loi devra également interdire la saisie de tout mobilier dont la valeur serait inférieure à mille francs ou distraire de la saisie, pour une valeur égale, les meubles nécessaires.

L'Armée.

Pour réaliser ce rêve d'amélioration sociale, pour ne pas être troublée dans l'enfantement des grandes réformes, il faut à la France une armée puissante, honorée, appuyée sur le pays tout entier, capable d'inspirer le respect aux rois désireux d'éteindre ce foyer de lumière. La France envahie et partagée, c'est l'ajournement illimité de l'émancipation ouvrière.

Certes, la guerre est un épouvantable fléau et un jour viendra peut-être où les conflits entre nations seront tranchés pacifiquement comme le sont les procès entre particuliers.

Mais ce n'est pas à l'heure où tous les peuples, formidablement armés, semblent préparer une guerre universelle qu'il faut paraître désirer la paix à tout prix.

Ceux qui demandent la suppression de l'armée sont des fous ou des traitres.

Les paysans continueront à être de bons soldats, courageux, durs à la fatigue, disciplinés.

Mais ici encore l'égalité n'existe pas pour eux. Tandis que les fils de la bourgeoisie ne sont astreints qu'à un an de service militaire, grâce à des diplômes que leur a facilités la fortune paternelle, les paysans passent trois années à la caserne et servent à former les troupes coloniales.

L'impôt du sang, comme celui de l'argent, est plus lourd pour eux que pour les autres.

Cette inégalité doit cesser et les Comités ruraux exigeront de leur candidat l'engagement de voter le service militaire de deux ans sans autres dispenses que celles des soutiens de famille.

Monopoles.

Les richesses que renferme la terre devraient, naturellement, appartenir au propriétaire du sol. Cela n'est pas.

La loi de 1810, sur les mines, a confisqué ces trésors et cela sans indemnité.

Pour excuser cette spoliation, le législateur a déclaré qu'elle était faite au profit de la nation.

Les bénéfices que procure l'exploitation des mines devraient donc revenir à l'Etat.

La bourgeoisie en a décidé autrement. Après avoir détruit les privilèges de la noblesse, elle a créé les privilèges bourgeois.

Les millions tirés des mines, au lieu d'être versés dans les caisses publiques, enrichissent les actionnaires qui, pour une somme de cinq cents francs, versée à l'origine, possèdent des titres valant quelquefois dix mille, vingt mille et même cent mille francs.

Il en est de même des chemins de fer et des assurances.

On objecte que l'Etat est un mauvais administrateur. C'est une erreur, j'allais dire un mensonge, car ceux qui parlent ainsi ont sous les yeux des exemples démentant leurs paroles.

Les Administrations des Postes et des Tabacs sont gérées par l'État et personne ne dira qu'elles sont mal dirigées.

Le Gouvernement exploite, dans l'Ouest, un réseau de chemins de fer et, sur certains points, son administration pourrait servir de modèle aux autres Compagnies.

Les lois qui réserveront les monopoles à l'Etat sont donc de celles dont le vote devra être imposé.

Je reconnais qu'elles exigent une étude sérieuse, sans précipitation, et c'est pour cela que le délai de quatre ans pourra, en ce qui les concerne, être prorogé.

Forme du Gouvernement.

La République est la seule forme de gouvernement qui permette la suppression des privilèges.

Il peut y avoir de bons rois, il n'y a pas de bonnes royautés.

Par tradition, la monarchie héréditaire est fatalement le régime des castes privilégiées.

Le roi, qui tient son pouvoir de la naissance au lieu d'être l'élu de la nation, est le premier privilégié et il s'appuie naturellement sur d'autres privilégiés, non sur le peuple.

Si la Belgique était une république, elle possèderait depuis longtemps le suffrage universel que la monarchie lui refuse obstinément.

La monarchie française a eu ses périodes glorieuses; province à province elle a formé la France. Mais elle n'a donné au peuple ni la liberté ni l'égalité.

L'histoire nous montre des rois et des seigneurs gagnant ou perdant des batailles; sur la scène, on ne voit jamais le peuple, surtout le peuple des campagnes qui travaille, souffre et meurt obscurément.

Si le roi revenait, même animé des meilleurs sentiments, il serait entraîné par son entourage à rétablir les privilèges et, certainement, un de ses premiers soins, serait de supprimer le suffrage universel.

Choix d'un Candidat.

Sans exclure personne systématiquement, les Comités devront apporter dans le choix des candidats la plus grande prudence.

Il ne suffira pas, en effet, d'obtenir d'un homme qu'il signe l'engagement placé en tête de cette brochure.

Le serment vaut ce que vaut celui qui le prête. Si les nobles et les bourgeois privilégiés pouvaient, en signant ce programme, arriver en majorité au Parlement, ils ne ramèneraient peut-être pas la monarchie immédiatement, mais ils nous feraient un gouvernement qui n'aurait de la République que le nom, et les travailleurs porteraient le deuil de leurs espérances jusqu'au jour où éclaterait la guerre civile.

Pour étudier et réaliser légalement l'amélioration sociale reconnue juste, il faut des hommes autrement sérieux et puissants que ceux qui, depuis vingt ans, composent nos Assemblées parlementaires.

Pauvres gens qui croient imiter leurs ancêtres de 93 et qui ne font que les singer ; qui font la grimace de la Révolution comme les eunuques font la grimace de la virilité, avec la même stérilité.

Les Comités ruraux devront rechercher, *parmi les habitants de la campagne*, les hommes intelligents, sérieux, froidement énergiques qui, par leur caractère et leur passé, présentent des garanties de sincérité.

Et qu'on ne dise pas que des paysans ne sauront ni se présenter, ni parler en public. Les populations rurales fournissent à la société ses meilleurs sujets, ses hommes les mieux trempés.

Voyez les députés ouvriers : tout d'abord, on a ri de leur gaucherie à la tribune. Mais, rapidement, ils ont prouvé qu'ils savaient ce qu'ils voulaient et ils se font écouter.

Ils ont la sincérité, le désintéressement et le dévouement à leur parti.

Des hauteurs de l'Extrême-Gauche s'échappent, mêlés à quelques exagérations de langage, des rayons de vérité et de justice.

D'une manière générale, les nobles, faux ou vrais, doivent désirer redevenir les maîtres. Et ce désir est bien naturel. La République a vaincu la noblesse; à son tour la noblesse voudrait renverser la République.

Les membres de cette caste conservent, sous des apparences de bonhomie et de charité, la conviction qu'ils sont faits d'une autre matière que les autres hommes et qu'ils sont nés pour commander. Francs et loyaux dans la vie privée, ils ne verraient dans la signature de l'engagement qu'une ruse de guerre pour pénétrer dans la forteresse qu'ils n'ont pas pu prendre d'assaut.

Ils se proclament républicains et oublient de dire que la République de leurs rêves est celle qui leur donnerait les privilèges qu'ils avaient sous la monarchie.

Les nobles feraient revivre la royauté comme la royauté ramènerait la noblesse.

Pour que les populations rurales ne se laissent pas prendre aux promesses trompeuses, il faut que les municipalités et les comités montrent le danger, donnent l'exemple de la dignité.

Paysans, repoussez l'argent qu'on vous jette comme un pourboire à un laquais; n'allez pas vous asseoir aux banquets payés par les millionnaires.

Vous touchez au but. Unissez-vous, organisez-vous. Ne laissez pénétrer dans vos réunions, ni candidats, ni journalistes, ni fonctionnaires. Faites vos affaires vous-mêmes ; payez vos banquets et imposez votre programme à l'homme que vous aurez choisi prudemment !

Tendez la main au parti ouvrier ! comme vous, il souffre et lutte pour améliorer son sort.

Ouvriers et paysans, loin de se combattre, doivent s'aider et se compléter ; les uns plus hardis, mieux organisés, mais quelquefois excessifs dans leurs exigences immédiates ; les autres plus calmes, plus sérieux, bornant leurs revendications aux réformes justes et d'une réalisation possible.

Je termine ce livre, comme je l'ai commencé, par un appel aux hommes de bonne volonté pour l'éducation, l'union et l'organisation politique des paysans.

J'ai tracé le premier sillon et jeté le premier grain. A d'autres, plus jeunes et plus actifs, le soin de préparer et de lever la récolte.

9 Mars 1902.

Clermont-Fd. — Imp. G. Mont-Louis.

www.ingramcontent.com/pod-product-compliance
Ingram Content Group UK Ltd.
Pitfield, Milton Keynes, MK11 3LW, UK
UKHW020436180726
13839UKWH00004B/1517